Kustantaja: BoD – Books on Demand,

Helsinki, Suomi

Valmistaja: BoD – Books on Demand,

Norderstedt, Saksa

ISBN: 978-952-80-6153-3

Koira retuutti suussaan

Lenan kusisia stringejä

satoi vettä

oluesta märkä tukkasi

levysoitin unohtunut

kortsun käyttö

pyyhitty täkki

spermasta puhki

rintojen läpi

katseltu tähtiä.

Naimme ostoskanavan valossa

hikoilen

haisen viinalta

nainen on vanha

perse nuori.

Antakaa minulle kaikki isorintaiset

yksinhuoltajat

ja kotiäidit

karvatussukat

sillä onnellisten aktien toteutumisprosentti

laskee iän myötä

joskus kunnon seisokkiin

tarvitaan Viagraa tai krapula.

Ikä pehmentää

kalun

miehen.

Ymmärrettyään

pillun tärkeyden

rumastakin tulee

kaunis.

Krapula lähtee

naisella

kirjoitetaan toisiimme

kokonaan uutta

variaatio

yhdestä ja samasta.

Häpeäkseni en muista

nimeäsi

mutta kehun sujuvasti

persettäsi

nouset päälleni

laukesin kun aloit voihkia

tätä minä kaipasin

ei mitään syvällistä

muuttamista yhteen.

sammun eteisen matolle.

Naiset maksavat

kalleimpia ovat

avioliitossa elävät.

Hän nauroi koko ajan

asia joka häiritsi

yhdyntää

raot hampaiden välissä

en tullut

mutta Vapahtaja.

Fyrkat

riitti juuri ja juuri

ilotyttöön Bulevardilla

joka kertoi

harrastavansa maalaamista

kiihottuvansa Modiglianin

miehistä jotka muistuttavat

pystyyn nousseita kyrpiä

intellektuellipillu

en laukea

lysähdän sohvalle

nukun toinen silmä

nänninä.

Otan Lillin takaapäin kun

hän räplää kännykkäänsä

tulen lakanalle

nyt hän voi huoletta

naida häntä jota aidosti rakastaa

pyydän parikymppiä

kaljaa varten

ja hän antaa rahan

myin itseni

jo kauan sitten.

Heti kun hän lähti

(en muista nimeä)

menin suihkuun

löysin kyseisen typyn yökerhosta

tyypillinen yhden yön juttu

satoja kasvottomia naisia

tunsin itseni fossiiliksi

ei mitään tunnetta ketään kohtaan

eikä heillä minua

pelkkää seksiä

säästyy avioliiton

kustannuksilta

talolta velalta lapsilta

vain pieni räkättävä

villakoira joka vittumaisesti

näykkii kantapäitä kun yrittää

hässiä sen omistajaa.

Kama Sutra

Kalu suussasi

linnut silmissä

eikä taivas koskaan

sinisempi.

Hänen äitinsä varoitti minusta

että saatan vielä mulattitytön paksuksi

kuten minunlaisillani on

tapana tehdä

käyttää hyväkseen

mutta sitä hän ei kertonut

että tytär rukoili

swahiliksi yhdynnän aikana

kahvinruskea nänni suussani

rakensimme toisen Nairobin.

Olet joulu punaisissa

alushousuissasi

istun sängyn laidalla

kourin persettäsi

suutelen isoja tissejäsi

viime kerrasta on jo pari viikkoa

laukean heti

siittiöt kuin sitruunaperhoset

tahdoin nukahtaa

en kehdannut

minun piti ymmärtää sinua.

Koirani haistaa jos hoidollani

on kuukautiset

se painaa kuononsa

naisen jalkoväliin ja haukkuu

jos haistaa veren.

saman täkin alla

sinusta ei silti tule minua

eikä minusta sitä toista

tämä on niitä harvoja onnellisia

hetkiä

koira nukkuu niin ettei

sen ylpeydestä saa selvää.

Seitsemäs päivä

Jumala lepää

minä juon

farkut kusesta märät

tyhjiä viinipulloja pitkin lattiaa

tuhkakuppeja

meteli kadulla

tarvitsen naista jotta voisin lopettaa

dokaamisen

soitan jollekin

vapauteni perustuu

vaihtotalouteen

oveen koputetaan

tai kuvittelen

miten avain kääntyy sisälläni.

Beethoven

yhdeksän minuuttia hiljaisuutta

eri instrumenteilla

sinä voihkit

sänky narisee

kuihtuneet valkoiset

tulppaanit maljakossa

naiset alkavat muistuttaa

toisiaan

au au au

tulen kuten

joksikin tullaan

enkä kuitenkaan osaa

täysin varmasti sanoa

miten.

Ajaudumme toisiimme kuten

kaikki ne jotka kaipaavat

tilapäistä rakkautta

ne joilla on sydän tai

ne jotka ovat saaneet

sen hetkeksi lainaksi.

Pallo jota ravistellessa

sataa lunta

annan sinun ja minun

sattua ja tapahtua

käydä toiset puolemme

eikä koskaan ole liian

myöhäistä

liian väärin

tuntea halua

vastustaa liiallista vähää.

Oodi vaginalle

Miten niin paljon

mahtuu niin vähään?

muutaman karvan alapuolelle

kauneimmat superlatiivit

eikä mistään niin halutusta

tahtoisi jäädä paitsi

mistään kauniimmasta

menneet ja tulevat elämät

enkä minä pysty pitämään

sanaani

siittiöitä kurissa

samanlaisia me olimme

tuhansia vuosia sitten.

Tissit

niiden kiihottava pehmeys

eikä mikään fantasia ole

sillä tavoin puristeltavissa

ja miten niiden kautta

pääsee lopulta

ylpeyteensä käsiksi.

Aamuyöllä

suutelen pyllynposkiasi

kalun paksut vaatimukset

ilmapierut

samalla tavalla runoja on

kirjoitettu

jo tuhansia vuosia.

Sähköt poikki

ei ollut fyrkkaa

tai oli mutta

sijoitin ne brenkkuun

tiskipöydällä

kuun valossa

yhdynnän kaltainen.

Ei ole olemassa

sitä oikeaa

olemme sellaisia

joiksi haluamme

tulla

minä haluan

tulla sinuun

rintojesi väliin

eikä meillä

koskaan enempää

kuin toisemme

alusta loppuun.

Riidan jälkeen

seksi yltyi villiksi

me etsimme

toisistamme

tarkoitusta suurempaa

että laukeamisen hetkenä

kaikki on oivallettavissa

menneet

tulevat.

Riidan jälkeen

Ei mitään

mistä puhua

kiusallinen tilanne

siihen mihin

sanat eivät

riittää yhdyntä.

Suudelma on

kauneinta puhetta

tuolla tavoin kirjoittamalla

tehdään naisiin vaikutus

mitä muuta runous on

kuin pöksyihin pyrkimistä?

olen unohtanut

itämaiset viisaudet

mantrat

paitsi yhtä

ime

ime

ime.

Yritän kirjoittaa sinusta

mahdollisimman kauniisti:

vagina

labia majora.

Olin tuolloin 12. vuotias

minun oli pakko

ostaa säästämilläni

viikkorahoilla

kioskista pornolehti

jonka kannessa

isotissinen

punatukkainen nainen

täytti kaikki toiveeni.

Koko päivän

on panettanut

mikään ei tunnu

riittävän

selviääkö nussimalla

elämän tarkoitus

vai onko se tämä?

Mikä enää on?

Pitäisikö katua elettyä

kieltäytyä

tunnustaa kerrankin

rakastavansa.

Kun kysyn neuvoa

mistä kirjoittaisin

minulle näytetään tissit

kuten se strippari

ja vaikka minulla

olisi ollut kuinka

paljon fyrkkaa

ymmärsin hänen

olevan minua

huomattavasti rikkaampi.

Kävelit perse keinuen

makuuhuoneeseen

vesirajahameesi

kenties siksi minusta

tuli runoilija

en ymmärtänyt muusta.

Kierähdän sivulle

hänen päältään

tämän osaan

mennä muihin

koskaan itseeni

enkä saa sanotuksi

sitä sinulle toisin.

Kaiken piti olla hallinnassa:

Tania ripusti pyykkiä

Jill paistoi kalapuikkoja

kunnes rappukäytävästä

erottui tuttujen korkojen

heikko kopina.

Rosa silittää kauluspaitani

se on hänen tapansa

osoittaa rakkautta

Tania imuroi

peniksen merkitys

on maailmankäsitystä

suurempi metafora.

Tuijotin häntä niin

etten huomannut

jäädä bussista

tallensin hänen

paksut reitensä

lantion

pääsin kotiin

riisuin vaatteet

runkkasin

jotenkin kuvittelin

että hän voisi siten

olla hetken minun

sinun.

Kehuskelin sillä

että minussa on

kylliksi miestä

rakastamaan yhtä

naista kerrallaan

olen se joka kehuu

silmiä

katsellessaan kumartuvaa

persettä.

Eräs hutsu on

minun terapeuttini

puhun hänelle vain

välttämättömän

eikä yksikään asia

ole toinen

päivä seuraava.

Rannat täynnä parittelun jälkiä

eikä muiden elämä

sen ihmeellisempi

yksi ja sama coitus.

Ota kuva

mun kyrvästä

saadaan

Freud kehyksiin.

Jessica

Valo ikkunassa

hiustesi punerrus

huoli omasta

kyvyttömyydestä

kun impotenssi

on lopullinen

mitä meille jää

puheet siitä

mitä seksi oli.

Miten helppoa

on siirtyä suhteesta

seuraavaan pöytään.

Vaikka linnut ovat vaiti

on tuulella niiden ääni

sirkutus

vasta kun takerrut

munaani

koen valaistumisen.

Paistan pekonia

kello on yhdeksän

aamulla

sormet kuin

hämähäkki

täyteläisellä pakarallasi

runous sellaista jota

ei voi käsin koskettaa

siksi pornosta ei

kirjoiteta

ja se mistä ei kirjoiteta

on niissä

kaikkein olennaisinta.

Sheila

En pääse sinusta perille

olet käsittämättömät

tikkaat

suu joka saa

minut tulemaan

punainen huulipuna

karvainen vakosi

tahtoisin nukahtaa

isojen tissiesi väliin

ei ylitöitä

ei tekosyitä

ei aikaa mistä

voisi ottaa kiinni

kuten perseestä voi.

Sammuin lumihankeen

kuinka paljon enkeleille

tästä maksetaan?

menin yöksi naapuriin

Mia paljasti vittunsa

aurinkoa kuumemman

hän oli niin kiimainen

että repi minut eteisestä

sänkyyn

imin hänen nänninsä koviksi

ymmärrän matkani määrän

kuten ymmärrän

siittiöiden päämäärän.

Tania istuu aamulla

pöydän ääressä

kohdussaan iso rotta

olen luvannut aloittaa

meditoinnin

mitä minä yritän

kalullani todistella

on otettava vastuu ja

tunnustettava potkut

vatsassa omikseen.

Delirium krapula

join maahisten lientä

sammuin vapauden patsaalle

heräsin hirvi ikkunassa

opiskelin levyseppähitsariksi

koska naiset eivät

ymmärtäneet runoutta

sain enemmän pillua

sohvalla toukat kiertävät

valoa

olen onnekas

kun kuljet tämän

ihanan hulluuden kanssani

käsikkäin

moottoritietä vastaan.

Oodi kalulle

Jokainen nainen

määrittää sen

eri tavoin

jokainen pitää

siitä eri tavalla kiinni

tai suussaan

maailma muuttuu

jotenkin toiseksi

siittiöiden deja vu

alan kasvamaan

sinussa mieheksi.

Sinä voihkit kovaa

yön kynnet selässäni

pyysin ruoskaa

sain tippurin.

Vasta parittelun

jälkeen

kun käännymme selät

vastakkain

tapahtuu ihmeitä

tulen vieläkin

ehkä joksikin toiseksi

jota muistaisi

kaivata.

Moraali

Työnsin kaluni

ihmissuhdelabyrinttiin

pystyin antamaan sinulle

sen mitä et mieheltäsi saanut

seksiä

toivoa

kylpyammeen.

Miten valtavasta

puskasta pillunkarvoja

tulee ajatus

valloittaa

sydän

yhä uudelleen

ja uudelleen.

Me asuimme Aan

kanssa yhdessä

koska pidin hänen

tisseistään

joihin hänen sielunsa

varmaankin oli mennyt

siinä nartussa

kaikki oli valtavaa

siksi hänestä olisi voinut

kehittyä pakkomielle

kaipaan yhä sitä

miten hän viidakkoveitsellä

rapsutti selkääni.

Anitalla oli uhkea perse

hän tuli yhä uudelleen

(ja uudelleen)

elämääni

ensin tytössä

sitten pojassamme.

Yritän kirjoittaa

kun istut syliini

pelkissä mustissa stringeissäsi

taputan persettäsi

ja näen kauniin pakaran värähtävän

tähän minä kelpaan

kuiskuttelemaan naisten

korviin rivouksia

kun heidän epätoivoiset aviomiehensä

käyvät ostamassa

kukkia parfyymia runokirjoja

vaikkakin nainen kotona

toivoo saavansa kullia.

Kun akti on ohi

hahmottuu sisin

lakkaa olemasta

pelkkä pano

että nainen on

jotenkin eri

kuin ennen.

Sinulla on roikkuva maha

rikkinäiset verkkosukkahousut

ja koko kämppä haisee tupakalta

silti meillä on toisemme

tämä lyhyt hetki

elämäksi kutsuttu

kun laukean sinuun

koko muu maailma

lakkaa hetkeksi olemasta

aurinko tai tuuli

stripparin napa

eikä ikä pehmennä

vaan puheet

naimisen jälkeen.

Vertaan sinua mylvivään

eläimeen

eikä tämä toistu

sanot

kun laukean selkääsi

eikä kukaan voi

viedä meiltä

tätä kokemusta

eikä kukaan niin luja

ettei hetkeksi päästäisi

rakkautta lävitseen.

Parittelun jälkeen

me ikään kuin

menetämme

toisemme

elämä alkaa tisseistä

ja päättyy orgasmiin

kaikki muu niiden välissä

pelkkää tilapäistä toimintaa.

Orgasmin jälkeen

kukaan ei ole enää entisensä

eikä mikään niin kuin ennen

aivan kuin me vaihtaisimme

hetkeksi kehoja

kutsuisimme tätä

vihdoin todellisuudeksi.

Jokainen seisokki

on alku

jolle ei ole nimeä

seksi minäksi tulemisen

ehto.

Teeskennelty orgasmi

voiko olla mitään raadollisempaa?

onneksi sinä

kaunis

alaston

isoperse

elämä nimeltä

kuolema

rakkaus.

Vaihdoimme

katseita Pasolinin kanssa

se oli hänen ensimmäinen

kertansa.

Pamela on julma nainen

jäätyämme kaksin

sain tyytyä pelkkään

poskisuudelmaan

viskiin

ja siitä syystä

krapulassa

alkoi vanha suola

janottamaan

Myöhemmin Pam soitti

olin Mian luona.

Jos ei ymmärrä antaa

täytyy ymmärtää että joku muu antaa.

Onnekkaita he

jotka pystyvät

samaistumaan pelkkiin

pornoelokuviin

ja ne joiden kivekset

eivät ole täynnä

itseään.

Eikä meistä jää

perinnöksi tuleville sukupolville

kuin lihan himo.

makaan sängyssä

pää vatsasi päällä

miltä kuulostaa

tyydytetty nainen.

Meiltä voi viedä

ihan kaiken

emmehän me

muuten parittelisi

emmekä me tiedä

onko mitään suurempaa

tarkoitusta

ja jos onkin

se jota ei ole

olkoon niin.